Turkish Easy Read

Contemporary Turkish ‹

türkische Kurzgeschichten

ÇAĞDAŞ TÜRK ÖYKÜLERİ

Ali Akpınar
Katja Zehrfeld

Bibliografische Information der Deutschen Nationalbibliothek

Die Deutsche Nationalbibliothek verzeichnet diese Publikation in der Deutschen Nationalbibliografie; detaillierte bibliografische Daten sind im Internet über http://dnb.d-nb.de abrufbar.

Herstellung und Verlag: Books on Demand GmbH, Norderstedt

Covergestaltung: Katja Zehrfeld

Satz und Layout: Ali Akpınar, Katja Zehrfeld

Printed in Germany.

ISBN: 978-3-8370-1803-5

Introduction • Vorwort

Having Fun Learning Turkish! Easy & Effective!

This book should provide you with lots of pleasure while studying Turkish. It is designed to both teach and entertain. Our main approach is to supply you with easy vocabulary explanations, simply understandable texts, a clear structure and lots of motivation. Plenty of hands-on exercises and examples offer a balance between classical language learning the absolute joy of playing with words. The idea of publishing this book was born from practical experience in seminars, and language classes. This book as both a self-study and reference book is intended to be a tremendous help in learning Turkish. It is part of a series of carefully designed reference and practice books to anyone studying or teaching Turkish. Further books and exercises you will find at www.studyturkce.com. Our, *Ali Akpınar*, Turkish lecturer and author, and *Katja Zehrfeld*, English and German lecturer, author, and Turkish learner myself, main focus is to present you an delighting and helpful guide – comprehendible, diversified, and realistic.

Good luck and lots of fun while studying!

Your authors
Ali Akpınar and Katja Zehrfeld

....

Türkisch lernen mit Spass! Einfach & effektiv!

Das vorliegende Buch soll Ihnen Freude machen und keine Langeweile aufkommen lassen. Unser Anliegen ist es, Ihnen mit einfachen Vokabel-Erklärungen, leicht verständlichen Texten, einem übersichtlicher Aufbau und viel Motivation die Türkische Sprache näher zu bringen. Zahlreiche, realitätsnahe Aufgaben und Beispiele runden den Lernerfolg ab und bilden eine Balance zwischen traditionellem Lernen und dem absoluten Spass mit Wörtern zu spielen. Entstanden ist die Idee zu diesem und unseren anderen Büchern aus der Praxis heraus in Seminaren und Sprachkursen. Dieses Buch als Selbststudienbuch und Nachschlagewerk soll als unersetzliche Hilfe für das Türkisch lernen dienen. Es ist Teil einer Serie von Selbststudienbüchern und Nachschlagewerken für Türkisch-Lernende und Unterrichtende. Weitere Materialien und Aufgaben finden Sie auf unserer Webpage www.studyturkce.com. Unser (*Ali Akpınar*, Türkisch-Dozent und Autor, und *Katja Zehrfeld*, Englisch- und Deutsch-Dozentin, Autorin und selbst Türkisch-Lernende) Hauptanliegen ist es, die Übungen und Erklärung so verständlich, abwechslungsreich und praxisnah wie möglich zu gestalten.

Viel Erfolg und Spass beim Lernen!

Ihre Autoren
Ali Akpınar und Katja Zehrfeld

READERS' COMMENTS

Stan Steward, Journalist, San Diego, USA
"As native English speakers we have found Study Turkish books to be a simple and effective tool for learning Turkish. The series is well thought out, builds on itself, and is the best format we have found for study of the language."

Zachary Moore, English Language Teacher, North Carolina, USA
"I have found these books to be a tremendous help in learning Turkish. The easy readers provide simple texts in an enjoyable context and the grammar and vocabulary books include enough practice to get to know the material without becoming tedious. Moreover, the books are paced far better than any other Turkish learning resources I have yet encountered."

Marta Arroyal, Database Director, Madrid, SPAIN
"I have found them very useful, because the way of learning is very easy and as you have to repeat using similar sentences, it is easy to remember not only the vocabulary but also the grammar. The exercises are very completed too. And you can find a little dictionary at the end and some keys in order to check about the answers. I strongly recommend those books."

Martina Dentilli, Italian Language Teacher,Venecia, ITALY
"A very good starting point for those who wish to speak Turkish by touching many different subjects. A complete set that makes sure Turkish is fun, pleasant and productive."

Danielle Jakubiak, English Language Teacher, Prince Edward Island, CANADA
"Vocabulary and Grammar books - Çok hızlı bir ögrenci! The guides give an intensive but enjoyable introduction to Turkish grammar and vocabulary. The grammar guide's repetitive drills help cement the student's understanding of the structures underlying every Turkish sentence without becoming monotonous."

Colin Daly, Engineering Student, Victoria, CANADA
"These books are absolutely invaluable to anyone planning to learn Turkish as a foriegn language. They are written based on extensive understanding of the fundamental principles of language learning. The Easy-Readers are written so that you can pick them up for the pleasure of reading, not just to study. The stories are simple yet inticing, and the biographies contain cultural and historical information that will motivate you to learn more Turkish.
A learner of Turkish as a foriegn language should not be left without these wonderful learning aids!"

İçindekiler * Contents * Inhalt

Tarık Dursun K.

Yaşamöyküsü:

Tarık Dursun K. 1950'de ortaokulu bitirdikten sonra, gazetelerde çalıştı, senaryo yazdı ve yönetmenlik yaptı. 1969'da Kurul Kitapevi'ni açtı, Milliyet gazetesinde kitap tanıtım yazıları yazdı ve Milliyet Yayınları'nı yönetti. 1973'de Günümüzde Kitaplar adlı bir dergi çıkardı. 1975'de Koza Yayınları'nı kurdu.

Tarık Dursun K. önceleri şiir yazıyordu. Daha sonra hikaye yazmaya başladı. Onun hikayeleri önce gençlik serüvenleriydi. Zamanla işçi, esnaf ve mamurların hayatları hakkında, şiirsel bir dille hikayeler yazdı.

Güzel Avrat Otu ile 1961 Türk Dil Kurumu Armağanı'nı, *Yabanın Adamları* ile 1967 ve *Ona Sevdiğimi Söyle* ile 1985 Sait Faik Hikaye Armağanı'nı, *Kurşun Ata Ata Biter* ile 1984 Orhan Kemal Roman Armağanı'nı, *Ömrüm Ömrüm* ile 1987 İş Bankası Büyük Edebiyat Ödülü'nü, *Ağaçlar Gibi Ayakta* ile 1991 Yunus Nadi Roman Armağanı'nı kazandı.

Tarık Dursun K. halen Eskifoça'da yaşamaktadır.

Vocabulary I * Vokabeln I

A. Match the words with the definitions. Ordne die Wörter den richtigen Definitionen zu.

1. **leke** _____ Bir bez ile temizlemek.

2. **silmek** _____ Rüya, hayal.

3. **bozuk** _____ Çok mavi.

4. **sürekli** _____ Parça.

5. **masmavi** _1_ Kir, kir izi.

6. **tutam** _____ Hareketsiz, donmuş.

7. **garip** _____ Devamlı, hiç durmadan.

8. **düş** _____ Tuhaf, acayip.

9. **kaskatı** _____ Sağlam değil; kötü hava.

12. **kaldırım** _____ Bir yemin.

13. **gülümsemek** _____ Yaya yolu.

14. **Vallahi billahi** _____ Gece değil.

15. **sinirlenmek** _____ Ateşli bir silah, pistol.

16. **tabanca** _____ Genç erkek.

17. **etraf** _____ Hafifçe gülmek, tebessüm etmek.

18. **gündüz** _____ Çevre.

19. **delikanlı** _____ Kızmak, öfkelenmek.

I M. Akil Bey'in Gökyüzü Serüveni

I.1 M. Akil Bey evden çıkarken onun saatine baktı; sekiz. M. Akil Beyin şapkasında yağ gibi bir leke vardı. Onun karısı bu lekeyi gazla silmiş, temizlemişti. Bu yüzden, havada gaz kokusu vardı.

M. Akil Bey onun başını kaldırdı. Hava... Şaşırdı. Gökyüzünü aradı; bulamadı. Gökyüzü yoktu. Hani şu yağmur yağan, geceleri yıldızlarla dolan gökyüzü...

Akşam hava bozuktu, gece sürekli yağmur yağmıştı. M. Akil Bey evden çıkmadan önce onun şemsiyesini almıştı. Gökyüzü yoktu, şimdi şemsiyeyi ne yapacaktı? Artık yağmur yağar mıydı acaba?

M. Akil Bey uzun uzun havaya baktı. Bir türlü inanmıyordu. Eskiden gökyüzü masmavi olurdu. İnsan bu maviliği göz ile görebilirdi. Bu maviliğin içinde bir tutam bulut olurdu. Şimdi bunların hiçbiri yoktu. Hiçbir şey yoktu.

Güldü. Kendi kendine "Düş bu," dedi. "Hiç gökyüzü olmaz mı? O zaman dünya olmaz..."

İşte, garip olan şey buydu. M. Akil Bey düş görmüyordu. Saat sekizdi: Doğruydu. Onun evinden çıkmıştı: Doğruydu. Onun elinde şemsiye vardı. Bunların hepsi doğruydu, gerçekti. Ancak...

9

I.2 M. Akil Bey trafik polisine doğru yürüdü. Havaya bakıyordu. Yürürken iki adama çarptı. Adamlardan biri onun arkasından bağırdı. Bağırsın! Önemli değildi. Onun saatini çıkardı ve saate baktı. Saat sekizi üç geçiyordu. Saati onun kulağına götürdü: Şık... Şık... Saat çalışıyordu. Yolun ortasında bir trafik polisi vardı. M. Akil Bey:

— Oğlum, senin saatin var mı, diye sordu.

Polis onun başını salladı. Sonra onun saatine baktı.

— Saat sekizi üç geçiyor, dedi.

M. Akil Beyin saati de sekizi üç geçiyordu. Yanlışlık yoktu. Uyumuştu. Uyanmıştı. Kahvaltı yapmıştı. Haberler biterken evden çıkmıştı. Demek ki sabah. M. Akil Bey polisi onun başıyla selamladı. Polis kaskatı duruyordu. Polis onun elini onun şapkasına götürdü, selam verdi, sonra indirdi.

M. Akil Bey birkaç adım daha attı. Kaldırımda durdu. Sonra geri döndü ve polise baktı. Polis ilginç bir adamdı. Onun bıyıkları onun bakışları gibi dikti. Polis M. Akil Bey'e:

— Saati söyledim ya! dedi.

M. Akil Bey önce saate baktı. Sonra polise baktı. Gülümsedi. Polisin yüzü değişmedi. M. Akil Bey polise iyice yaklaştı. Bu kez polis ve M. Akil Bey göz göze geldiler.

M. Akil Bey polise:

— Gökyüzüne bak! dedi.

I.3 Polis gökyüzüne bakmadı. Polis M. Akil Beye bakmaya devam etti. Polis "Ha...?" dedi.

M. Akil Bey polis ile göz göze geldi. Polis:

— Ne diyorsun sen, diye sordu.

M. Akil Bey yanıt vermedi. Bir daha gökyüzüne baktı. Tamam! Vallahi billahi yoktu. Gökyüzü yoktu. Ne mavilik, ne de bulutlar... Hiç, hiç... Hiçbir şey! Gökyüzünde sadece bir boşluk kalmıştı.

M. Akil Bey polise:

— Gökyüzüne bak... dedi.

Polis onun ellerini onun cebinden çıkardı. Onun ellerini kaldırdı ve "Niye?" diye sordu.

M. Akil Bey'in başı hep havadaydı.

— Bak bir kere... dedi. Polis inat etmeyi bıraktı. Onun başını yukarı kaldırdı, havaya baktı. M. Akil Bey "Bakıyor musun," diye sordu. Polis "Bakıyorum," dedi.

— Ne görüyorsun?

— Ne mi görüyorum?

— Yani havada ne görüyorsun?

— Hiç... dedi polis.

M. Akil Bey onun başını indirdi. Polis de indirdi. Sonra:

— Hiçbir şey görmedin mi?

— Ne görecektim? Uçak falan mı, diye sordu polis.

I.4 M. Akil Bey sinirlenmeye başladı:

— Yok be oğlum, gökyüzünü gördün mü? Onu söyle.

Polis de kızmaya başladı.

— Gördüm.

— Neyi gördün?

— Gökyüzünü... dedi polis.

M. Akil Bey kızgın kızgın onun şemsiyesini göğe doğru kaldırdı ve salladı.

— Yalan söylüyorsun, değil mi? Gök yok!... dedi.

Polis çok sinirlendi. M. Akil Bey kızgın bir şekilde "Gök yok! Anladın mı? Gök yok! ..." diyordu.

Polis onun elini ağır ağır onun tabancasına götürdü:

— Gök yok olur mu? Sen ne dediğinin farkında mısın?

M. Akil Bey:

— Yukarı bak, ama iyi bak; göğü görebilecek misin?

Yoldan geçen adamlar durdular. Onlara yaklaştılar. Polis onun elini tabancasından çekti. Gençlerden biri:

— Kaza falan mı oldu, diye sordu polise. Polis:

— Yok canım, yok bir şey... dedi.

M. Akil Bey gence dönüp "Gök yok..." dedi. Genç şaşkınlık içinde M. Akil Beye bakarak sordu:

— Anlamadım. Ne yok beyefendi?

— Gök yok!

I.5

— Nasıl gök olmaz, dedi herkes.

— Ne bileyim? Yok işte. Bak! dedi M. Akil Bey.

Genç adam havaya baktı, baktı... Ama hiçbir şey anlamadı. Sonra:

— Hadi canım, dedi M. Akil Bey'e.

— Var mı, diye sordu M. Akil Bey.

— Var, tabii...

— Nasıl var?

— Basbayağı var, var, var!.. dedi genç adam. O da kızmaya başladı.

M. Akil Bey yeniden onun başını kaldırdı. Nasıl olur, gökyüzü nerede? Hani mavi renk, hani bulutlar? Yukarıda hiçbiri yoktu. Ne mavi renk, ne de bulutlar. Oysa, aşağıda her şey vardı: Onun evinin sokağı, cadde, gelen giden insanlar, otomobiller, ağaçlar, polis, etraftaki üç beş insan... Bunlar vardı, ama gökyüzü yoktu.

M. Akil Bey hala havaya bakıyordu. M. Akil Beyin gözlerinden onun beynine hiçbir duyu gitmiyordu.

— Gök yok, diye bağırdı.

Acaba M. Akil Bey bunun farkında mıydı? Hayır, değildi. Polis, genç adam ve diğer insanlar gülüştüler.

Polis genç adama göz kırptı. Genç adam:

— Peki, niye gök yok, beyefendi?

13

I.6 M. Akil Bey sürekli yukarı bakıyordu. Oradaki herkes havaya bakıyordu.

M. Akil Bey genç adama sordu:

— Ne görüyorsun yukarıda?

— Gök.

— Nasıl görüyorsun?

— Canım, basbayağı görüyorum. Gökyüzü işte.

— Görmüyorsun. Olmayan bir şeyi göremezsin ki. Kimse olmayan bir şeyi göremez, dedi M. Akil Bey.

— Şimdi gök yok mu, diye sordu genç adam.

— Yok...

— Allah Allah!.. Nerede bu gökyüzü acaba?

Adamlardan biri güldü ve "Yemişler," dedi.

Herkes güldü, ama M. Akil Bey gülmedi.

— Hiç gökyüzü yok olur mu? İşte, orada duruyor, dedi genç adam. M. Akil Bey:

— Sen daha önce hiç gökyüzüne bakmış mıydın?

— Baktım...

— Ne görmüştün?

— Çok şey...

— Ne ama?

— Ne bileyim? Bulut, renk, yıldız, ay... dedi genç adam.

I.7 M. Akil Bey:

— Şimdi de onları görüyor musun? Şimdi gündüz. Ay olmaz. Sen şimdi ne görüyorsun?

Delikanlı tekrar yukarı baktı:

— Bulutlar. Bir, iki, üç… Mavilik… Birkaç bulut daha… Çizgiler…

M. Akil Bey merakla sordu:

— Hani bulut? Hani bulut?

Delikanlı parmağıyla bulutları gösterdi. M. Akil Bey bulutları görmedi.

— Atıyorsun!

— Hiç de değil. Şu apartmana bak, sonra sağa doğru bak. Bulutu görmüyor musun?

— Hayır, görmüyorum. Bulutları görmüyorum. Göğü görmüyorum! dedi M. Akil Bey.

Polis tekrar geldi. Bu kez yanında iki polis daha vardı. Yeni gelen polisler, M. Akil Beyin sağında ve solunda durdular. İlk polis elini M. Akil Beyin omzuna koydu.

— Bizimle biraz karakola gelir misiniz, dedi. &

I.1 Answer the questions. Beantworte die Fragen.

1. M. Akil Bey ne olmadığını fark etti?

2. M. Akil Bey ilk olarak kimle konuştu?

3. Polis neden M. Akil Bey'e sinirlendi?

4. Yoldan geçenler neden M. Akil Bey'e güldüler?

5. Polisler M. Akil Bey'i neden karakola götürdüler?

I.2 Match the words. Ordne zu.

☐ evden   1. görmek   ☐ selam   6. söylemek

☐ saate   2. çıkmak   ☐ saati   7. etmek

☐ düş   3. kırpmak   ☐ göz göze   8. gelmek

☐ göz   4. söylemek   ☐ inat   9. vermek

☐ yalan   5. bakmak   ☐ yukarı   10. kaldırmak

I.3 Put the text in order. Bringe den Text in die richtige Reihenfolge.

☐ M. Akil Bey evden çıktı.

☐ M. Akil Bey genç bir adamla tartıştı.

☐ Polis M. Akil Bey'e sinirlenmeye başladı.

☐ Genç adam gökyüzünü görmediğini söyledi.

☐ M. Akil Bey bir polisle konuştu.

☐ M. Akil Bey gökyüzünü göremedi.

☐ İki polis geldi ve M. Akil Bey'i götürdü.

☐ M. Akil Bey yoldan geçenlerle konuştu.

Oktay Akbal

Yaşamöyküsü:

Oktay Akbal, 1923 yılında İstanbul'da doğdu. "Servet-i Fünun" dergisinde sekreterlik yaptı ve böylece edebiyat ve gazetecilik dünyasına adım attı. Vatan gazetesinde sanat yazıları ve kitap eleştirileri yazdı. 1969-1991 yılları arasında Cumhuriyet gazetesinde makaleler yazdı. Gazetecilikle birlikte öyküler yazmaya başladı. Bu öyküler edebiyat dergilerinde yayımlandı. Öykülere ek olarak roman, deneme, söyleşi ve anı kitapları yazdı. *Suçumuz İnsan Olmak* ile Türk Dil Kurumu 1958 Roman Ödülü'nü, *Berber Aynası* ile 1959 Sait Faik Hikâye Armağanı'nı, bütün eserleri ile 1999 yılı Orhan Kemal Roman Ödülü'nü kazandı.

Oktay Akbal'ın eserleri şunlardır: *Aşksız İnsanlar, Batık Bir Gemi, Berber Aynası, Bizans Definesi, Ey Gece Kapını Üstüme Kapat, Garipler Sokağı, İnsan Bir Ormandır, Önce Ekmekler Bozuldu, Suçumuz İnsan Olmak. Daha önce Yalnızlık Bana Yasak, Hücrede Carmen adlı öykü kitapları, Şarkına Mahsun, Şairler ve Ben, Sözcüklerle Yolculuk, Anı değil Yaşam, Zaman Sensin, Güzel Düşlerin Sonu, Senin Adın Aşk*

Vocabulary II * Vokabeln II

A. Match the words with the definitions. Ordne die Wörter den richtigen Definitionen zu.

1. erik	____ İnsan öldüren kişi.
2. dal	____ Birden, birdenbire.
3. zıplamak	____ Hareketsiz, ölü.
4. aniden	____ Kadın giysisi.
5. çim	____ Ağacın kolları.
6. etek	____ Sürücü.
7. yavru	____ Çimen, ot.
8. cansız	____ Bebek.
9. düşman	____ Bir çeşit ekşi meyve.
10.katil	__1__ Savaşta rakip.
11.şoför	____ Yerden sıçramak, hoplamak.
12.müşteri	____ Ölü koymak için açılan çukur.
13.hayal	____ Ağaç ve tahta ile çalışan kişi.
14.isteksiz	____ El, ayak ile sertçe dokunmak.
15.marangoz	____ Rüya, amaç.
16.ölü	____ Kader, alın yazısı.
17.mezar	____ Hizmet alan kişi.
18.vurmak	____ Ölmüş, cansız kişi.
19.yaşam	____ Yüksek rütbeli asker.
20.yazgı	____ Hayat, ömür.
21.subay	____ İsteği olmayan, istemeyen kişi.

II Bir Kediyi Öldürmek

II.1 O sırada biz bir erik ağacının üzerindeydik. İnci ve ben. Ben ince dalları tutuyordum. Dallar kopmuştu. İnci zıpladı ve hemen yukarı tırmandı. Kocaman erikleri kafama atmaya başladı. "Al, tut, ye!" diyordu. Hareket edemiyordum. Neredeyse aşağı düşecektim.

Ben ağaca çıkmayı hiç sevmezdim. Orada sadece bu erik ağacı vardı. Ağaç sadece çakal eriği verirdi. Çakal eriği yenmez, sevilmez. Ancak tuz ile yersiniz. Sadece bir, iki ya da üç tane yiyebilirsiniz. Ya da erik savaşı yapabilirsiniz.

İnci daha yukarı çıkmak istiyordu. En üst dallardaki erikler daha güzel olurmuş...

Biz ağaçtayken aşağıdan bir ses geldi. Ses, acı acı bağıran bir kediye aitti. Diğer seslere benzemiyordu. Acı acı, ince bir sesti. Ses aniden yok oldu. Dallara tutunarak başımı çevirdim.

— Ne oluyor orada, diye sordum.

İnci birden bağırmaya başladı.

— Öldürdü, öldürdü, kediyi öldürdü. Koşsana! dedi.

II.1.1 Answer the questions. Beantworte die Fragen.

O sırada yazar ve İnci neredeydi ve ne yapıyorlardı?

II.1.2 Match the words. Ordne zu.

☐ hareket   1. düşmek   ☐ ses   4. bağırmak

☐ aşağı   2. çıkmak   ☐ acı acı   5. olmak

☐ yukarı   3. etmek   ☐ yok   6. gelmek

II.1.3 Complete the sentences. Vervollständige die Sätze.

1. Biz bir ses duyduğumuzda

2. İnci yukarı çıkar çıkmaz

II.1.4 Put the text in order. Bringe den Text in die richtige Reihenfolge.

☐ Aşağıdan acı bir ses geldi.

☐ Yazar ve İnci ağaçtaydılar.

☐ İnci birden bağırmaya başladı.

☐ İnci yazara erik atıyordu.

II.1.5 Read the text again. Lese den Text nochmals.

II.2 Ben birden ağaçtan atlamak istedim. Ama benim elleri-me ince dallar battı. Acaba atlasam mı? Nasıl olsa yer yumu-şak. Yerde uzun çimler var. Ama yapamadım. Onun yerine kayarak indim.

İnci ağaçtan daha çabuk inmişti, birden hop diye atlamıştı. Atlarken onun etekleri açılmıştı. Onun yüzü çimlere gömül-müştü. Ben de aşağı inmiştim. Eve doğru koştum. İnci de be-nim arkamdan koştu.

Oradaydı. Yerde yatıyordu. Bir kedi yavrusuydu. Cansızdı. Taş gibiydi. İnci bağırıyordu.

— O yaptı, gördüm. Vurdu, tekme attı. Hayvan, eşek!

İnci Selim'e yumruk atıyor, o da onun ellerini tutuyordu.

— Yavru bir kediden ne istedin? O ne yaptı sana, canavar?

Selim hiç konuşmuyordu. İnci'nin ellerini bıraktı. O anda İnci Selim'in göğsüne bir yumruk attı.

— Canavar, canavar, diye ağlamaya başladı. Sonra daha fazla dayanamadı ve eve koştu.

Selim ve ben karşı karşıya duruyorduk. Ben ve Selim. İki çocuk, iki arkadaş, iki düşman.

— Ne oldu Selim? Neden, neden, dedim.

— Hiç, dedi.

— Nasıl hiç Selim? Sen zavallı kediyi öldürdün.

— Kedi o, bir hayvan. Ölmüşse ne olmuş, dedi.

— Sen şimdi katil oldun.

II.2.1 Answer the questions. Beantworte die Fragen.

1. Yerde yatan şey neydi?

2. İnci neden Selim'e vuruyordu?

II.2.2 Match the words. Ordne zu.

☐ aşağı   1. atmak (x2)

☐ tekme   2. durmak

☐ yumruk   3. inmek

☐ karşı karşıya

II.2.3 Complete the sentences. Vervollständige die Sätze.

1. Yazar ağaçtan atlamak yerine

2. İnci ağaçtan atlarken

3. Kedi yavrusu yerde cansız yatarken

4. İnci eve koştuktan sonra

II.2.4 Put the text in order. Bringe den Text in die richtige Reihenfolge.

☐ İnci koşarak eve gitti.

☐ Yazar ve İnci ağaçtan indiler.

☐ İnci Selim'e vurmaya başladı.

☐ Bir kedi yavrusu yerde yatıyordu.

☐ Yazar ve Selim karşı karşıya kaldılar.

II.2.5 Read the text again. Lese den Text nochmals.

II.3 Biliyorum, anlıyorum, pis pis bakıyor. Ama aslında öyle değilmiş gibi. Sanki üzülmüş. Ağlayacak mı?

Onun elleriyle onun yüzünü kapadı.

— Yanlış yaptım... Nasıl oldu, bilmiyorum. Ben burada kendi kendime top oynuyordum, dedi.

— Niye bizimle ağaca çıkmadın?

— Siz gel demediniz ki.

Daha önce hep birlikte otomobilcilik oynamıştık. Ben şofördüm, benim elimde yuvarlak bir dal vardı. Selim yardımcıydı, kapıyı açıyordu. Yolculara "Buyurun!" diyordu. İnci müşteri gibi biniyor, biz de onu bahçede oradan oraya taşıyorduk. Ben büyüyünce şoför olmak istiyordum. Büyünce bir otomobil alacaktım.

Selim'in bir hayali vardı. Şoför olmak istiyordu. Ama oyunda direksiyonu hep ben tuttum. Bir kez bile ona vermek istemedim. O direksiyondan çok hoşlanmıştı. Sonunda dayanamadım. "Sen şoför ol," dedim. Bu kez İnci ile müşteri olduk. Karı koca. Selim de bizim özel şoförümüz. Selim direksiyonu aldı, oyuna katıldı. Ama o isteksizdi. Hoşlanmamıştı. Çünkü İnci benim karımdı, o da bizim özel şoförümüzdü. O anda yuvarlak dalı fırlatıp atmıştı. Biz de el ele koşup, ağaca çıkmıştık.

II.3.1 Answer the questions. Beantworte die Fragen.

1. Selim kediyi nasıl öldürdü?

2. Selim'in hayali neydi?

3. Selim neden oyunda isteksizdi?

4. Sizce Selim kediyi neden öldürdü?

II.3.2 Match the words. Ordne zu.

☐ pis pis   1. oynamak

☐ top   2. atmak

☐ karı   3. bakmak

☐ fırlatıp   4. koca

II.3.3 Complete the sentences. Vervollständige die Sätze.

1. Selim onlarla ağaca çıkmadı, çünkü

2. Selim'in bir hayali vardı. O

3. Selim oyundan hoşlanmamıştı, çünkü

II.3.4 Read the text again. Lese den Text nochmals.

24

Halikarnas Balıkçısı

Yaşamöyküsü:

Halikarnas Balıkçısı (Cevat Şakir Kabaağaç), 17 Nisan 1890'da doğdu. İlkokulu Büyükada Mahalle Mektebi'nde okudu. Liseyi Robert Koleji'nde bitirdi. Daha sonra Oxford Üniversitesi'nde Yakın Çağlar Tarihi okudu. Üniversiteyi Oxford'da bitirdi. İstanbul'a dönünce Resimli Ay, İnci gibi dergilerde yazılar yazdı, kapak resimleri yaptı, karikatürler çizdi. Cumhuriyetten sonra, bir yazısından dolayı Bodrum'a sürüldü. Balıkçı daha sonraki yıllarda hep Bodrum'da yaşadı.

Halikarnas Balıkçısı, Anadolu ve Akdeniz kültürü hakkında araştırmalar yaptı. Onları tanıtmaya çalıştı. Dergi ve gazetelere yazılar yazdı. Bu yazılar sayesinde uluslar arası bir ün elde etti. Onun sayesinde dünyadaki bütün insanlar Bodrum'u yakından tanıdılar.

Bodrum'un eski adı Halikarnas'tı (Halikarnasos). Cevat Şakir Kabaağaçlı Bodrum'u çok seviyordu. Bu yüzden, insanlar ona Halikarnas Balıkçısı diye adlandırdılar. Balıkçı, 1974'te İzmir'de öldü.

Vocabulary III * Vokabeln III

A. Match the words with the definitions. Ordne die Wörter den richtigen Definitionen zu.

1. **tür**   _____ Sabunun balonu.

2. **martı**   _____ Kaya olan yer.

3. **köpük**   _1_ Çeşit, tip.

4. **çığlık**   _____ Vahşi, et ile beslenen hayvan.

5. **yırtıcı**   _____ Yatay değil, yukarı doğru.

6. **şafak**   _____ Köpek.

7. **dik**   _____ Bir çeşit kuş.

8. **kayalık**   _____ Tiz, yüksek ses.

9. **keklik**   _____ Sabah güneşin ilk ışıkları.

10. **ötmek**   _____ Kuşların konuşması.

11. **it**   _____ Bir çeşit deniz kuşu.

12. **tüfek**   _____ Ağır olmak.

13. **canlı**   _____ Köpeğin konuşması.

14. **havlamak**   _____ Varmak.

15. **tüy**   _____ Halk şarkısı.

16. **yuva**   _____ Gece değil.

17. **ulaşmak**   _____ Kuşun kılları.

18. **ağırlaşmak** _____ Yaşayan şeyler.

19. **gündüz**   _____ Kuvvet.

20. **türkü**   _____ Az sesli.

21. **kısık**   _____ Uzun, ateşli silah.

22. **güç**   _____ İnsanların ve hayvanların evi.

III Gündüzü Kaybeden Kuş

III.1 Güney Akdeniz'de bir kuş türü vardır. Bu kuşlar martılara benzerler, ama martılardan çok daha büyük, kanatları çok daha uzun bir kuştur. İnsanlar bu kuşa "miho" derler. İşte ben size bu kuştan söz etmek istiyorum.

Onlar sanki kuş değildirler. Sanki kanatları olan bir köpük parçası gibidirler. Denizde en yükseklerde uçarlar. Gökyüzünde küçücük, mavi bir nokta olurlar. Bazen gökyüzünde bir çığlık duyulur. İnsan "Acaba gökyüzü konuşmaya mı başladı," diye düşünür. Oysa bu çığlıklar mihoya aittir. Miho fırtına kadar hızlıdır. Onun bir tek rakibi vardır, o da şimşektir. Miho kartallar ya da akbabalar gibi yırtıcı bir kuş değildir. O sadece mavi gökyüzünde uçan bir buluttur.

Hacı Süleyman, şafaktan beri yoldaydı. Onun elinde bir tüfek, onun önünde bir köpek kıyı boyunca yürüyordu.

Hacı Süleyman, yürüye yürüye dik bir kayalığa geldi. Her tarafta keklikler ötüyordu. Ancak sanki binlerce keklik vardı, ama onlardan bir tanesi bile ortalarda yoktu.

Hacı Süleyman onun köpeğine bağırdı; "Senin burnun yok mu be? İt oğlu it!" diyerek köpeğe bir tekme attı.

Köpek beş on adım ileri kaçtı. Hacı Süleyman çok kızgındı. Her tarafta keklik vardı, ama henüz bir tane bile vuramamıştı. Eğer yapabilse, güneşe ateş edecek ve onu kör edecekti.

III.1.1 Answer the questions. Beantworte die Fragen.

1. Yazar hangi kuştan bahsediyor?

2. Hacı Süleyman'ın amacı neydi?

3. Hacı Süleyman neden çok kızgındı?

III.1.2 Match the words. Ordne zu.

☐ kuş   1. etmek (x2)   ☐ şafaktan   4. boyunca

☐ söz   2. duymak   ☐ kıyı   5. etmek

☐ çığlık   3. türü   ☐ tekme   6. beri

☐ ateş   ☐ kör   7. atmak

III.1.3 Complete the sentences. Vervollständige die Sätze.

1. Bu kuşlar martılara benzerler, ama

2. Her tarafta kuşlar ötüyordu. Ancak

3. Hacı Süleyman çok kızgındı, çünkü

4. Eğer yapabilse,

III.1.4 Put the text in order. Bringe den Text in die richtige Reihenfolge.

☐ Eğer yapabilse, güneşi vuracaktı.

☐ Hacı Süleyman kuş avlamak istiyordu.

☐ Hacı Süleyman hiç kuş vuramadı.

☐ Hacı Süleyman gün boyu yürüdü.

III.1.5 Read the text again. Lese den Text nochmals.

III.2 Hacı Süleyman o kadar kızgındı ki, ne olursa olsun, canlı bir şey vurmak istiyordu. İşte o zaman onun içi rahat edecekti.

Tam o sırada, onun önünde yürüyen köpek havlamaya başladı. Aynı anda, Süleyman onun başının üzerinde bir kanat sesi duydu. Bu ses, yüksek bir kayanın tepesinde yuva kuran bir mihodan geliyordu.

Süleyman birden onun tüfeği havaya kaldırdı ve ateş etti. Miho önce aşağıya doğru düşmeye başladı. Havada bir sürü tüy uçtu. Ama sonra miho onun kendine geldi ve uçarak daha yükseğe çıktı. Zavallı mihonun tüyleri döne döne yere indi.

Tüfek saçmaları, kuşun gözlerini kör etmişti. Zavallı kuş artık korkunç bir karanlıkta uçuyordu. Hiç durmadan, dinlenmeden beş saat uçtu. Gökyüzü o doğduğundan beri maviydi. Ama artık kapkaraydı. Hiç bir şey göremiyordu. Ama miho biliyordu. Onun yuvası gökyüzünde bir yerde, bir kayanın üzerindeydi. Onun yavruları açtı. Onlar mihodan yiyecek bekliyorlardı. Ne yapıyorlardı acaba? Mihoyu bekleyerek göklere bakacaklardı.

Miho onun bütün gücüyle uçmaya devam etti. Karanlığı geçecek ve mavi gökyüzüne ulaşacaktı. Bu şekilde dört beş saat daha uçtu. Artık gece olmuştu. Miho gündüzü arıyor, ama bulamıyordu. Onun kanatları ağırlaşmaya başladı. Artık anlamaya başlamıştı. Bir daha gündüzü göremeyecekti.

III.2.1 Answer the questions. Beantworte die Fragen.

1. Hacı Süleyman ne vurmak istiyordu?

2. Mihonun gözleri neden kör oldu?

3. Miho ne yapmak istiyordu?

III.2.2 Match the words. Ordne zu.

☐ rahat   1. kaldırmak   ☐ kendine   4. olmak

☐ yuva   2. etmek   ☐ yere   5. gücüyle

☐ havaya   3. doğru   ☐ bütün   6. inmek

☐ aşağıya   4. kurmak   ☐ gece   7. gelmek

III.2.3 Complete the sentences. Vervollständige die Sätze.

1. Süleyman o kadar kızgındı ki,

2. Köpek havlamaya başlayınca Süleyman

3. Kuş karanlıkta uçuyordu, çünkü

III.2.4 Put the text in order. Bringe den Text in die richtige Reihenfolge.

☐ Miho önce düşmeye başladı.

☐ Miho artık hiçbir şey göremiyordu.

☐ Hacı Süleyman mihoya ateş etti.

☐ Miho tekrar uçmaya başladı.

III.2.5 Read the text again. Lese den Text nochmals.

III.3 İşte o zaman türkü söylemeye başladı. Türkü söyleyerek gündüzü geri getirmek istiyordu. Ama artık çok yorulmuştu. Onun sesi artık daha kısık, kanatları daha ağırdı.

Miho, son bir kez karanlıkta onun yavrularını çağırdı. Gücü tükendi. Garip sesler çıkarmaya başladı ve sonunda yavaş yavaş denize düştü.

Ertesi gün, ıssız denizlerde beyaz bir tüy yüzüyordu... ∞

Vocabulary IV * Vokabeln IV

A. Match the words with the definitions. Ordne die Wörter den richtigen Definitionen zu.

1. korsan   ____ Işık vermek.

2. donanma   ____ Gemideki rüzgar bezi.

3. reis   _1_ Denizdeki haydut.

4. yelken   ____ Silahı ateşleyen toz madde.

5. köpük   ____ Bir araya gelmek.

6. aydınlatmak   ____ Gemi kaptanı.

7. top   ____ Aklını kaybetmek.

8. barut   ____ Denizdeki beyaz sular.

9. delirmek   ____ Az önce.

10. demin   ____ Deniz ordusu.

11. toplanmak   ____ Demir mermi atan, ağır bir silah.

12. kara   ____ Uzun, keskin bıçak, silah.

13. fikir   ____ Tahtadan yapılmış, eşya kutusu.

14. tabanca   ____ Normal olmayan varlık.

15. sandık   ____ Bilinçsizce konuşmak.

16. sayıklamak   ____ Kötü söz.

17. kırlangıç   ____ Konuşmamak, sessiz kalmak.

18. yaratık   ____ Düşünce.

19. susmak   ____ Bir çeşit kuş.

20. küfür   ____ Küçük, hafif bir silah.

21. kılıç   ____ (Deniz için) sessiz, sakin, dalgasız.

22. süt liman   ____ Toprak bölge, deniz değil.

IV Divan Reis

IV.1 Korsanlar iki gün önce Cezayir'den ayrılmışlardı. Onların aldıkları haberlere göre, Şarlken'in oğlu Prens Filip İtalya'ya gidecekti. Korsanlar Filip'in donanmasını Sardinya Adası'nın doğusunda bekleyeceklerdi.

Ay ışığı Akdeniz'i bir gümüş denizi gibi aydınlatıyordu. Korsanlar küçük bir gemiyi gözcü olarak açık denizlere göndermişlerdi.

Gemideki yaşlı bir korsan, genç korsanlara eski hikâyeler anlatıyordu. Bu hikâyelerden biri eski bir reis hakkındaydı.

— Son zamanlarda ona "Âşık Reis" ya da "Divan Reis" diyorlardı. Fakat daha önce onun adı Kızıl Reis'ti. Belki de bunun nedeni, onun saçının sakalının kızıl olmasıydı.

Bir gün Divan Reis, deniz üstünde yemyeşil bir gemi gördü. Geminin hem gövdesi, hem de yelkenleri yemyeşildi. Gemide ne bir insan ne de bir tayfa vardı. Tatlı ve garip bir türkü geliyordu. O kadar hızlı gidiyordu ki, onun önünde büyük, beyaz bir bıyık gibi köpükler vardı.

Böyle bir gemi daha önce denizlerde hiç görülmemişti. Denizde bir martı gibi uçan garip bir gemiydi. Ancak bu gemi Divan Reis'in dışında hiç kimse tarafından görülmemişti.

IV.1.1 Answer the questions. Beantworte die Fragen.

1. Korsanlar kimi bekleyeceklerdi?

2. Yaşlı korsan'ın tayfalara ne anlatıyordu?

3. Divan Reis denizde ne görmüştü?

IV.1.2 Match the words. Ordne zu.

☐ haber   1. nedeni

☐ ay   2. almak

☐ açık   3. anlatmak

☐ hikaye   4. sakalı

☐ saçı   5. denizler

☐ bunun   6. ışığı

IV.1.3 Complete the sentences. Vervollständige die Sätze.

1. Korsanlar Sardinya'da bekleyeceklerdi, çünkü

2. Onun adı Kızıl Reis'ti. Bunun nedeni

3. Gemi o kadar hızlı gidiyordu ki,

4. Gemi Divan Reis dışında

IV.1.4 Put the text in order. Bringe den Text in die richtige Reihenfolge.

☐ Yaşlı bir korsan hikayeler anlatıyordu.

☐ Prens Filip İtalya'ya gidecekti.

☐ Hikaye eski bir reis hakkındaydı.

☐ Korsanlar onu Sardinya'da bekleyeceklerdi.

IV.1.5 Read the text again. Lese den Text nochmals.

IV.2 Divan Reis "İşte, şurada!" diye gemiyi gösteriyordu. Biz bakıyorduk, ama bir şey göremiyorduk. Deniz bomboştu, hiçbir şey yoktu denizde. Türküyü de duyamadık. Denizden sadece dalgaların sesi geliyordu. Ama hiç kimse "Reis, orada gemi yok ki," demeye cesaret edemedi. Divan Reis "Orada bir gemi var," dediği zaman, sen "Orada gemi yok," de!

Divan Reis bir gemi gördüğü zaman hemen toplarla ateş eder; her taraf top sesiyle inler, ortalık barut kokardı. Ne var ki, Divan Reis bu sefer yeşil gemiye ateş etmedi. Herkes şaştı kaldı. Divan Reis:

— Yeşil gemi bir bulut gibiydi, mavi denizlerde kayboldu gitti, dedi. Biz de "Doğrudur, Reis," dedik, ama "Galiba reis delirdi," diye düşündük.

Divan Reis'in yüzündeki sert ifade birden değişti. Onun yüzünde bir hayranlık ifadesi vardı şimdi. Reis:

— Güneş batarken gemi güneşe doğru yol aldı, dedi. Biz de, "Allah Allah! Hani, demin mavi denizde kaybolmuştu," diye düşündük.

Reis bir süre uzaklara baktı. Güneş battı, gece oldu. Gökyüzünde büyük bir akşam yıldızı parlıyordu. Divan Reis birdenbire "Beni affet!" diye bağırdı. Herkes Divan Reis'in etrafına toplandı. Şaşkın şaşkın ona bakıyorduk.

IV.2.1 Answer the questions. Beantworte die Fragen.

1. Korsanlar neden gemiye ateş etmediler?

2. Divan Reis ne yapmaya karar verdi?

IV.2.2 Match the words. Ordne zu.

☐ cesaret   1. var ki   ☐ güneşe   6. çökmek

☐ ateş   2. kokmak   ☐ gece   7. çıkmak

☐ barut   3. kalmak   ☐ (onun) etrafına   8. doğru

☐ ne   4. ifadesi   ☐ karaya   9. değiştirmek

☐ şaşırmak   5. etmek (x2)   ☐ (onun) fikrini   10. olmak

☐ hayranlık   ☐ diz   11. toplanmak

IV.2.3 Complete the sentences. Vervollständige die Sätze.

1. Korsanlar o tarafa bakıyorlardı, ama

2. Korsanlar ne bir şey gördüler, ne de

3. Reis bir gemi gördüğü zaman

IV.2.4 Put the text in order. Bringe den Text in die richtige Reihenfolge.

☐ Reis karaya çıkmaya karar verdi.

☐ Birkaç korsan ona yalvardılar.

☐ Korsanlar denizde bir şey görmüyorlardı.

☐ Reis onlara bir gemi gösteriyordu.

IV.2.5 Read the text again. Lese den Text nochmals.

IV.3 Reis:

— Ben karaya çıkacağım. Siz başka bir reis bulun, dedi. Biz "Aman, yapma," dedik. Ama Reis onun fikrini değiştirmedi. Hatta birkaç korsan diz çöküp ona yalvardı.

Divan Reis onları dinlemedi bile.

— Benim günüm artık geçti. Ben artık meleklerin türküsünü dinledim, diyor, başka bir şey demiyordu. Biz "Olmaz, gidemezsin," dedik, onu ikna etmek için her şeyi yaptık. Ama hiçbir sonuç alamadık.

Bir an Reis çok kızdı, onun tabancalarını aldı ve "Herkes yerine geçsin!" diye bağırdı. Gemiyi karaya doğru çevirdi.

Kara ıssız bir yerdi. Reis karaya üç sandık götürdü. Daha sonra köylülerden duyduk ki, Reis orada bir yeldeğirmeni yapmış. Hani Gelibolu'da var ya, işte onlar gibi. Adam, denizlerin kızıl korsanıyken karaların adamı oldu. Sanki o ölmüş gibi, dualar okurduk.

Reis bir kere olsun, dönüp de denize bakmıyormuş. Köyde bir mescit, bir de çeşme yapmış. Ama hiç mutlu değilmiş. Onun yüzü hiç gülmüyormuş. Gece gündüz sayıklıyormuş. Bazen onun tüfeğini alıyor, dağlara gidiyormuş. Günlerce avlanıyormuş.. Bazı köylüler merak etmişler, onun arkasından gitmişler. Bir de ne görsünler? Etrafta bir sürü hayvan olmasına rağmen, onlara ateş etmiyormuş. Akşam olunca sakin bir halde köye dönüyormuş.

IV.3.1 Answer the questions. Beantworte die Fragen.

1. Divan Reis nereye gitmek istedi?

2. Divan Reis orada ne yaptı?

IV.3.2 Match the words. Ordne zu.

☐ ikna   1. gündüz   ☐ (onun) arkasından   5. yapmak

☐ (onun) yerine   2. okumak   ☐ akşam   6. girmek

☐ dua   3. geçmek   ☐ içeri   7. olmak

☐ gece   4. etmek (x2)   ☐ yuva   8. gitmek

☐ merak

IV.3.3 Complete the sentences. Vervollständige die Sätze.

1. Biz köylülerden duyduk ki,

2. Onun yüzü hiç gülmüyordu, çünkü

3. Bazı köylüler merak ettikleri için

4. Etrafta hayvanlar olmasına rağmen, Reis

IV.3.4 Put the text in order. Bringe den Text in die richtige Reihenfolge.

☐ Divan reis bazen ava gidiyormuş.

☐ Divan Reis karaya çıktı.

☐ Divan Reis kulübede bir kuş yuvası görmüş.

☐ Divan Reis bir yel değirmeni yapmış.

IV.3.5 Read the text again. Lese den Text nochmals.

IV.4 Bir akşam kulübeye dönmüş. İçeri girmiş ve kulübede bir kırlangıç görmüş. Kırlangıç kulübenin içinde yuva yapmış. Yuvanın içinde yumurtalar varmış. Divan Reis köylülere "Yuvayı görünce ona tüfekle vuracaktım ki, sonra o türküyü duydum. Melekler gemisinden gelen türküyü. Bu yüzden yuvaya dokunmadım," demiş.

Kuşların anası babası yavrulara yiyecek getiriyorlarmış. Divan Reis, "Bu kadar küçük bir yaratıkta bu kadar büyük sevgi nasıl olur... diye şaşar dururmuş.

Gün gelmiş, yavrular büyümüş. Önce onların anne ve babaları onlara uçmayı öğretmişler. Bir gün kuşlar hep birlikte uçup gitmişler. Divan Reis onun kendisini çok yalnız hissetmiş. Sanki melekler gemisinden gelen türkü bir an için susmuş. Reis çok kızmış. Tüfeği kapmış ve dışarıya fırlamış. Sonra denizlere açılmış.

Bir gün, Reis kulübede otururken kuşlar geri dönmüşler. Kuşlar Reis'in başına, omuzlarına konmuşlar. Divan Reis'in içi sevinçle dolmuş. Ancak bir süre sonra kuşlar tekrar uçup gitmişler. Bu sefer Reis ağlamamış, küfür etmemiş. Ama onun kılıcını ve tabancasını almış. Sonra yine denizlere açılmış.

— Diyeceğim şu ki, denizcilerin akılları deniz gibidir. Bir gün, süt limandır, bir gün dalgalı, fırtınalı ... Onlara akıl sır erdirmek hemen hemen imkansızdır. &

IV.4.1 Answer the questions. Beantworte die Fragen.

1. Divan Reis neden kendini yalnız hissetmiş?

2. Kuşlar geri dönünce, Reis kendini nasıl hissetmiş?

IV.4.2 Match the words. Ordne zu.

☐ ana   1. hissetmek   ☐ sevinçle   5. liman

☐ uçmayı   2. birlikte   ☐ küfür   6. erdirmek

☐ yalnız   3. baba   ☐ süt   7. etmek

☐ hep   4. öğretmek   ☐ akıl sır   8. dolmak

IV.4.3 Put the text in order. Bringe den Text in die richtige Reihenfolge.

☐ Kuşlar uçup gitmişler.

☐ Kuş yavruları büyümüş.

☐ Divan Reis denizlere açılmış.

IV.4.4 Read the text again. Lese den Text nochmals.

Vocabulary V * Vokabeln V

A. Match the words with the definitions. Ordne die Wörter den richtigen Definitionen zu.

1. **dalgıç**   <u> 1 </u> Balık adam, denize dalan kişi.

2. **meyhane**   ____ Teknenin kontrol mekanizması.

3. **dümen**   ____ Problem, çok zor durum.

4. **aydınlanmak**   ____ Teknenin hareket ettiren kumaşlar.

5. **yelken**   ____ İçki satılan ve içilen yer.

6. **bela**   ____ Aydınlık olmak.

7. **avuç**   ____ Giysileri çıkarmak.

8. **küfür**   ____ Kötü, ayıp söz.

9. **surat**   ____ Parça parça olmuş.

10. **soyunmak**   ____ İlkel bir deniz hayvanı.

11. **paramparça**   ____ Elin içi.

12. **sünger**   ____ Yüz.

V Haydi süngere!

V.1 Bahar geldi. yiyeceklerimiz, dalgıç takımlarımız, her şeyimiz tamamdı. Gece yarısı denize açılacaktık.

Gece ateş gibi sıcaktı. Gökyüzü kalabalık bir caddede yürüyen insanlar gibi yıldızlarla doluydu.

Teknede otuz kişiydik. Diğer denizci arkadaşlar meyhanede eğleniyorlardı, çünkü onlar birkaç gün sonra yola çıkacaklardı.

Ben denizcilerin arasında en genciydim. İlk kez denize çıkıyordum. babam teknenin kaptanıydı. O gece dümende ben vardım. Hava çok açıktı, gökyüzü yıldız okyanusu gibiydi, denizde tek bir ses yoktu, tekne bir hayal gibi ilerliyordu.

Normalde sabaha karşı hava serin olur. Ama tam tersi, hava sıcaktı. Herkes ter içindeydi. Rüzgâr bile esmiyordu.

Güneş sapsarı bir portakal gibi doğdu. Normalde güneş yükseldiği için hava aydınlanmalıydı, ama hava gitgide kararmaya başladı. Kara İzzet yanıma geldi:

— Güneşi tekrar görene kadar devam edeceğiz, dedi. babam:

— Biri dümenciye yardım etsin! diye bağırdı.

V.1.1 Answer the questions. Beantworte die Fragen.

1. Onlar denize çıkmadan önce hava nasıldı?

2. Onlar denize çıktıktan sonra hava nasıl oldu?

V.1.2 Match the words. Ordne zu.

☐ denize   1. tersi

☐ yola   2. açılmak

☐ tam   3. etmek

☐ devam   4. çıkmak

V.1.3 Complete the sentences. Vervollständige die Sätze.

1. Diğer denizciler birkaç gün sonra yola çıkacakları için...

2. Normalde sabaha karşı hava serin olmasına rağmen...

V.1.4 Put the text in order. Bringe den Text in die richtige Reihenfolge.

☐ Gece yarısı her şey yolundaydı.

☐ Denizciler denize açılmak için hazırlandılar.

☐ Sabah olunca hava kararmaya başladı.

☐ Denizciler gece yarısı yola çıktılar.

V.1.5 Read the text again. Lese den Text nochmals.

V.2 Tam o sırada bir şimşek çaktı. Sanki bir ejderha, onun elindeki kılıçla gökyüzünü kesiyordu. Fırtına çıkmıştı. Biz de fırtınanın içine girmiştik. Bütün bunlar olurken biz şaşkın şaşkın bizim birbirimize bakıyorduk. Bu arada:

—Yelkenleri toplayın! diye bir emir geldi.

Hemen direklere koştuk ve yukarı tırmandık. Yukarısı hiç de hoş değildi. Deli gibi yağmur yağmaya başladı. O kadar ki benim gözümü açamıyordum. Yağmur kalın yağıyordu. Damlalar güverteye ceviz gibi düşüyordu. Güverteden çatır çatır sesler geliyordu. Direkten nasıl indiğimi hatırlamıyorum. Ben ve Kara İzzet hemen dümene geçtik. Dümeni zar zor tutuyorduk. Hem bizim ellerimizi, hem de bacaklarımızı kullanıyorduk. Kara İzzet sürekli bağırıyordu:

—Dayan! Bu nasıl bir fırtına böyle!.. Şimdi bir tekme yiyeceksin... Sıkı tut... Dikkat et, çarpacak!.. Şu havaya uçan kişi Süleyman mıydı?.. Bizim başımız belada... Şu yağmur dinse artık!.. Denize düşmeden boğulacağız...

Tekne, kurumak için asılan bir çamaşır gibi sallanıyordu. Kocaman bir dalga sonucu tekne bir daldı, bir çıktı. Önce içeri su giriyor, sonra su bir çağlayan gibi denize geri dönüyordu. Sonra tekrar su giriyordu...

V.2.1 Answer the questions. Beantworte die Fragen.

Fırtına çıkınca denizciler ne yaptılar?

V.2.2 Match the words. Ordne zu.

☐ şimşek   1. çıkmak

☐ fırtına   2. belada

☐ (onun) başı   3. dinmek

☐ yağmur   4. çakmak

V.2.3 Complete the sentences. Vervollständige die Sätze.

1. Fırtına çıktığı anda...

2. Biz yukarı çıktığımız zaman...

3. Damlalar güverteye düştükçe...

V.2.4 Put the text in order. Bringe den Text in die richtige Reihenfolge.

☐ Yağmur giderek hızlanıyordu.

☐ Denizciler yelkenleri topladılar.

☐ Denizciler büyük bir mücadele veriyorlardı.

☐ Bir anda korkunç bir fırtına çıktı.

V.2.5 Read the text again. Lese den Text nochmals.

V.3 Dümen bizim ellerimizi parçalamıştı. Dümene sarılmaktan hem benim, hem İzzet'in avuçları kanıyordu. O kadar zor bir durumdaydık ki, benim sinirlerim bozuldu. Katıla katıla gülmeye başladım. Benim kendi durumumu görmeden, Kara İzzet'in durumuna katıla katıla gülüyordum. Kahkaha atmaktan, benim avuçlarım gibi karnım da ağrımaya başladı. İzzet sürekli küfür ediyordu:

—Bre adam, şimdi senin suratına bir tekme yiyeceksin! Niye sağa sola kırıtıp duruyorsun? Dümene yapış, senin bacaklarını dik tut, yoksa hapı yutarız!..

Kara İzzet bir fırsat bulup soyundu. Onun bütün gövdesiyle dümene dayandı. Ben de alay ederek, ona bağırdım:

—Ne göbek atıp duruyorsun? Niye soyundun? Yoksa daha güzel göbek atmak için mi soyundun!..

Bu kez bağırma sırası ondaydı:

— İyi tut da, birlikte göbek atarız. Senin gözünü aç, sana doğru geliyor! Ha gayret! Sonumuz geldi galiba! Sen çok yaşa tekne!

Gemi dümene cevap vermiyordu. Dalgaların üzerinde insan gibi yüzüyordu. Biz gemiyle, gemi bizimle bir vücut olmuştu.

V.3.1 Answer the questions. Beantworte die Fragen.

1. Genç neden kahkaha atmaya başladı?

2. Denizciler tekneyi kontrol edebildiler mi?

V.3.2 Match the words. Ordne zu.

☐ (onun) sinirleri   1. atmak (x2)

☐ kahkaha   2. bulmak

☐ küfür   3. yutmak

☐ hapı   4. bozulmak

☐ fırsat   5. etmek

☐ göbek

V.3.3 Complete the sentences. Vervollständige die Sätze.

1. Genç sinirleri bozulduğu için...

2. İzzet bir fırsat bulur bulmaz...

V.3.4 Read the text again. Lese den Text nochmals.

V.4 İzzet yine bağırdı:

—Biraz daha dayan! Bitiyor galiba. Aslan deniz! Bu da geçti. Benim bu seferden kazandığım paranın tümünü Emine'ye vereceğim!..

Karanlıkta, sevinç içinde benim babam göründü. Onun üstü başı paramparçaydı, yüzü gözü kan revan içindeydi:

—Size söylemedim mi? Akdeniz'de bu tekne gibi yoktur. Gördünüz mü, fırtınaya nasıl meydan okudu? Yaşasın tekne! Artık bizim yolumuz açık! dedi.

Benim babam bunları söyledikten sonra daha yüksek sesle ve sevinçle bağırdı:

—Haydi süngere! ❧

Ömer Seyfettin

Yaşamöyküsü:

Ömer Seyfettin, 1884'te Balıkesir Gönen'de doğdu. Okula Gönen'de başlayan Ömer Seyfettin, daha sonraki yıllarda onun annesi ile birlikte İstanbul'a gitti. İstanbul'da ortaokulu bitirdi. Onun babası asker olduğu için, 1893'te Kuleli Askeri Lisesi'ne kaydoldu. Bir süre sonra, Edirne'deki başka bir askeri liseye geçti ve liseyi orada bitirdi.

Ömer Seyfettin 1903 ile 1910 yıllar arasında önce teğmen, sonra da üsteğmen olarak görev yaptı. Daha sonra askerlikten istifa etti ve Selanik'e gitti. Bu arada, Genç Kalemler dergisinde yazılar ve öyküler yazmaya başladı. Balkan Savaşı çıkınca tekrar orduya döndü. Savaşta Yunanlılara esir düştü ve bir yıl esir kaldı.

Ömer Seyfettin esirken öykü yazmaya devam etti. Esaretten sonra İstanbul'a döndü ve ikinci defa ordudan ayrıldı. Onun öyküleri bazı dergilerde yayımladı. Kabataş Lisesi'nde edebiyat öğretmenliği yaptı. Ömer Seyfettin 6 Mart 1920 tarihinde İstanbul'da öldü.

Vocabulary VI * Vokabeln VI

A. Match the words with the definitions. Ordne die Wörter den richtigen Definitionen zu.

1. peri   ____ Hayali görüntü.

2. köşk   ____ (Eski dilde) bey.

3. hayalet   ____ Başka bir eve yerleşmek.

4. efendi   ____ Aylık ücret.

5. bekçi   ____ Kiralamak.

6. tarih   ____ (Eski) Mahalle polisi.

7. kira   ____ Büyük, ahşap bina.

8. peşin   ____ Geçmiş zamanlar.

9. tutmak   ____ Taksitle değil, doğrudan ödemek.

10. taşınmak   __1__ Hayali bir varlık.

11. hizmetçi   ____ Hizmet eden kişi.

12. çam   ____ Yakına gelmek.

13. gezmek   ____ Sallanma, ani yer hareketi.

14. sarsıntı   ____ Sözcük.

15. saklanmak   ____ En sonunda.

16. yaklaşmak   ____ Bir çeşit ağaç.

17. nihayet   ____ Kalp.

18. yürek   ____ Mahcup olmak.

19. utanmak   ____ Dolaşmak.

20. kelime   ____ Gizlenmek.

VI Perili Köşk

VI.1 Sermet Bey arkasına dönüp bekçiye:

— İşte boş bir köşk daha, dedi.

Bekçi başını salladı:

— Burada oturamazsınız, efendim. Bu köşkte hayalet var.

— Ne hayaleti, diye sordu Sermet Bey. Bekçi:

— Hayalet işte! Gece ortaya çıkar. Evde oturan insanlara hiç rahat vermez, dedi.

Sermet Bey önce güldü. Sonra:

— Hayalet bize zarar vermez, dedikten sonra:

— Bu köşkün sahibi kim, diye sordu. Bekçi:

— Köşkün sahibi Hacı Niyazi Efendi. İşte, şu yandaki köşkte oturuyor, dedi.

— Haydi, gidip anahtarı alalım, dedi Sermet Bey.

Hacı Niyazi Efendi'nin evi, kırmızı boyalı, eski bir evdi. Onlar eve doğru yürürken bekçi, beyaz köşkün tarihi hakkında bilgi veriyordu: On yıl boyunca köşkte farklı kiracılar yaşamışlardı. Ama kiracılar köşkte bir aydan çok oturmamışlardı. Hayalet ortaya çıktıktan sonra, büyük büyük taşlar atıyor ve camları kırıyordu. Köşkteki kiracılar, hayaletten korkuyorlar ve dolayısıyla çok rahatsız oluyorlardı.

VI.1.1 Answer the questions. Beantworte die Fragen.

1. Sermet Bey bekçi ile birlikte ne arıyordu?

2. Kiracılar neden bir aydan sonra taşınıyorlardı?

VI.1.2 Match the words. Ordne zu.

☐ ortaya   1. vermek (x3)

☐ rahat   2. olmak

☐ zarar   3. çıkmak

☐ bilgi   4. vermemek

☐ rahatsız

☐ selam

VI.1.3 Complete the sentences. Vervollständige die Sätze.

1. Onlar yürürken bekçi

2. Hayalet ortaya çıktıktan sonra

3. Kiracılar hayaletten korktukları için

VI.1.4 Put the text in order. Bringe den Text in die richtige Reihenfolge.

☐ Sermet Bey sonunda bir ev buldu.

☐ Bekçi Sermet Bey'e köşk hakkında bilgi verdi.

☐ Sermet Bey ve bekçi Niyazi Efendi'ye gittiler.

☐ Sermet Bey kiralık bir ev arıyordu.

VI.1.5 Read the text again. Lese den Text nochmals.

VI.2 Kapıyı açan Hacı Niyazi Efendi, Sermet Bey selam verdikten sonra:

— Köşkün kirası ne kadar, diye sordu. Hacı Niyazi Efendi:

— Çok para istemiyorum. Yüz seksen lira yeter. Ama üç yıllık peşin istiyorum, dedi.

Sermet Bey köşkü tutmaya karar verdi ve bir hafta sonra kalabalık ailesiyle köşke taşındı.

Aradan on beş gün geçmişti. Bir gece, herkes uyurken aşağı kattan bir çığlık sesi geldi. Hizmetçi panik içinde bağırarak yukarı koştu:

— Arkada, çamların arasında beyaz bir şeyin gezdiğini gördüm, dedi. Zavallı hizmetçinin sesi titriyordu.

Çoluk çocuk, herkes merakla balkona koştular. Hizmetçi parmağıyla, bahçede beyaz bir gölgeyi işaret etti. Bu gölge hayaletten başkası değildi. Ağaçların altında duran hayalet, köşke doğru bakıyordu.

Sermet Bey, rüya gördüğünü sanarak, gözlerini ovuşturdu. Rüya görmediğini anlayınca hayalete dokunmak için bahçeye koştu. Ama Sermet Bey'i gören hayalet kaçtı ve gözden kayboldu. O gece evin içinde Sermet Bey'den başka hiç kimse uyuyamadı.

Başka bir gece herkes uykudayken köşkte müthiş bir sarsıntı oldu. Herkes balkona koştu, ama hiçbir şey göremediler. Sabah yemek odasının ortasında kocaman bir taş duruyordu.

VI.2.1 Answer the questions. Beantworte die Fragen.

1. Sermet Bey ne zaman köşke taşındı?

2. Evde hayaleti ilk gören kişi kimdi?

3. Hayaleti görünce Sermet Bey ne yaptı?

VI.2.2 Match the words. Ordne zu.

☐ para   1. çocuk

☐ karar   2. etmek

☐ panik   3. istemek

☐ çoluk   4. kaybolmak

☐ işaret   5. vermek

☐ rüya   6. titremek

☐ gözden   7. içinde

☐ sesi   8. görmek

VI.2.3 Complete the sentences. Vervollständige die Sätze.

1. Bir gece, herkes uyurken

2. Ağaçların altında duran hayalet

3. Sermet Bey, rüya görmediğini anlayınca

VI.2.4 Put the text in order. Bringe den Text in die richtige Reihenfolge.

☐ Sermet Bey ve ailesi köşke taşındılar.

☐ Sermet Bey, hayaleti görmek için bahçeye koştu.

☐ Hizmetçi, bahçede bir şey gördüğünü söyledi.

VI.2.5 Read the text again. Lese den Text nochmals.

VI.3 Sermet Bey bir gün bir plan yaptı. Plana göre, çamlıkta saklanacaktı. Sonra hayalet gelince, birden onun karşısına çıkacaktı. Ya da yavaşça hayaletin arkasından ona yaklaşacak ve dokunacaktı.

Ertesi akşam, Sermet Bey planladığı gibi çamlığa gitti. Büyük bir çam ağacının altına oturdu. Uzun bir süre bekledikten sonra, nihayet gece yarısı oldu. Birden, hayalet ortaya çıktı. Hayalet aniden ortaya çıktığı için Sermet Bey'in yüreği hop etmişti. Ne de olsa, o bir hayaletti.

Sermet Bey sessizce ayağa kalktı. Hayaletin arkasından yürüdü. Yavaşça onun eliyle hayalete dokundu. Hayalet, tıpkı bir insan gibi, önce çığlık atarak onun arkasına döndü. Sonra Sermet Bey'i görünce kaçmaya başladı. Sermet Bey, onun bir hayalet olmadığını anladı. Çünkü Sermet Bey ona dokununca, onun ortadan kaybolması gerekiyordu. Ama hayalet, ya da her kimse, hala oradaydı.

Sermet Bey hayaleti takip etmeye başladı. Hayalet, ya da her kimse, duvardaki bir tahtaya tırmanmaya çalışıyordu. Tam o sırada Sermet Bey tarafından yakalandı.

Sermet Bey hayaleti zorla köşke götürdü:

— Hemen bana bir lamba getirin de şunun suratını görelim, diye bağırdı.

VI.3.1 Answer the questions. Beantworte die Fragen.

1. Sermet Bey hayaleti yakalamak için nasıl bir plan yaptı?

2. Hayalet Sermet Bey'i görünce ne yaptı?

3. Sermet Bey hayaleti yakalayabildi mi?

VI.3.2 Match the words. Ordne zu.

☐ plan   1. kalkmak   ☐ çığlık   5. kaybolmak

☐ gece   2. yapmak   ☐ ortadan   6. etmek

☐ ortaya   3. yarısı   ☐ takip   7. atmak

☐ ayağa   4. çıkmak

VI.3.3 Complete the sentences. Vervollständige die Sätze.

1. Plana göre, Sermet Bey

2. Hayalet aniden ortaya çıktığı için

3. Sermet Beye hayalete dokununca

VI.3.4 Put the text in order. Bringe den Text in die richtige Reihenfolge.

☐ Hayalet ortaya çıktı.

☐ Hayalet kaçmaya başladı.

☐ Sermet Bey bir plan yaptı.

☐ Sermet Bey hayaleti köşke götürdü.

☐ Sermet Bey hayalete dokundu.

☐ Sermet Bey çamlıkta bekledi.

☐ Sermet Bey hayaleti yakaladı.

VI.3.5 Read the text again. Lese den Text nochmals.

VI.4 Sermet Bey, hayaletin üzerindeki beyaz çarşafı kaldırmaya çalışıyordu, ama hayalet ona izin vermiyordu. Sonunda, Sermet Bey hızla çarşafı çekti ve aldı. Odadaki herkes şaşkınlık içinde, hayaletin kim olduğunu gördü. Hayalet, köşkün sahibi Hacı Niyazi Efendi'den başkası değildi.

Hacı Niyazi Efendi, çok utandığı için onun elleri ile yüzünü saklıyordu. O kadar utanmıştı ki, sorulara yanıt veremiyordu. Sermet Bey:

— Haydi bakalım, al şu kalemi. Benim söylediğim her şeyi yaz ve imza at, dedi.

Hacı Niyazi Efendi, her şeyi kelime kelime yazdı:

"Kiracım Sermet Bey, altı yıllık kirayı peşin verdi."

Hacı Niyazi Efendi, yazıyı bitirdikten sonra kâğıda imza attı ve sonra utanç içinde her zamanki gibi gözden kayboldu. ❧

Vocabulary VII * Vokabeln VII

A. Match the words with the definitions. Ordne die Wörter den richtigen Definitionen zu.

1. **daima**   _1_ Hep, her zaman.

2. **duymak**   ____ Sarı saçlı.

3. **haz**   ____ Karanlık değil, ışıklı.

4. **sarışın**   ____ Yavaşça.

5. **etraf**   ____ Serinlemek için kullanılan bir nesne.

6. **aydınlık**   ____ Hissetmek

7. **yelpaze**   ____ Bir arada durmamak.

8. **dağılmak**   ____ Bir eşya; kolun altı.

9. **hafifçe**   ____ Bebek.

10. **yavru**   ____ Keyif, mutluluk.

11. **koltuk**   ____ Çevre, civar.

12. **birdenbire**   ____ Güç.

13. **öteki**   ____ Dince yasak.

14. **boğulmak**   ____ Diğer.

15. **yusyuvarlak**   ____ Yere doğru hareket etmek.

16. **kuvvet**   ____ Suçsuz.

17. **eğilmek**   ____ Aniden.

18. **masum**   ____ Sevinç.

19. **ceset**   ____ Çok yuvarlak.

20. **günah**   ____ Birini öldürme.

21. **cinayet**   ____ Ölü beden.

22. **neşe.**   ____ Havasız kalmak ya da böyle ölmek.

VII İlk Cinayet

VII.1 Ben daima acı içinde yaşayan bir adamım! Benim kendimi bildiğimden beri acı içinde yaşıyorum.

Dört yaşında ya vardım, ya yoktum. Ondan önce benim ne yaptığımı bilmiyorum. Tolstoy, henüz dokuz aylık bir çocukken onun banyo yaptığını hatırlıyormuş. Onun ilk duyduğu şey mutlu bir haz, benimki ise müthiş bir acı!

İlk hatırladığım şey Şirket vapuru. Hala benim gözlerimin önünde; sanki ilk defa o anda doğmuşum, benim annemin kucağındayım. Etrafta gürültücü kadınlar var. Benim annem ve onun yanındaki sarışın kadın gülüşerek konuşuyorlar, sigara içiyorlar.

Galiba mevsim yaz. Hava çok aydınlık ve güneşli... Benim annem kadınla konuşurken onun elindeki mavi bir yelpazeyi sallıyor. Ben onun kucağından kayıyorum. Ama benim annem beni benim kollarımdan tutarak onun yanına oturtuyor. Benim saçlarım uzun. Ama galiba dağılmış. Benim annem benim saçımı düzeltirken, ben benim başımı yukarı kaldırıyorum. Bizim üzerimizde bir güneşlik var. Güneşliğin kenarında bir gölge kımıldıyor.

— Bak, bak, deyince benim annem onun başını kaldırıyor.

— Kuş konmuş, diyor annem. Ben kuşu isteyince:

— Olmaz, biz onu alamayız, diyor.

Ben yine isteyince benim annem bir denemek istiyor.

VII.1.1 Answer the questions. Beantworte die Fragen.

1. Yazar neden acı içinde yaşıyor?

2. Yazarın ilk hatırladığı şey ne?

VII.1.2 Match the words. Ordne zu.

☐ acı   1. önünde

☐ (onun) gözlerinin   2. kaldırmak

☐ (onun) saçını   3. düzeltmek

☐ yukarı   4. içinde

VII.1.3 Complete the sentences. Vervollständige die Sätze.

1. Kendimi bildiğimden beri

2. İlk hatırladığım şey

3. Annem saçımı düzeltirken

VII.1.4 Put the text in order. Bringe den Text in die richtige Reihenfolge.

☐ Yazar güneşliğin üstünde bir kuş görüyor.

☐ Yazarın annesi ona izin vermiyor.

☐ Yazar ve annesi vapurda gidiyorlar.

☐ Yazarın annesi bir kadınla konuşuyor.

☐ Yazar kuşu almak istiyor.

VII.1.5 Read the text again. Lese den Text nochmals.

VII.2 Onun şemsiyesiyle hafifçe güneşliğe vuruyor. Ama gölge hala orada, hareket etmiyor.

— A, kaçmadı.

— Neden kaçmadı acaba?

— Yavru bir kuş olmalı.

...

— Anne, ben bu kuşu istiyorum, diye ısrar ediyorum.

O zaman, benim annem yelpazeyi bırakıyor ve ayağa kalkıyor. Beni benim koltuklarımın altından tutarak yukarı kaldırırken diyor ki:

— Birdenbire tut, ha!

Güneşliğin üstüne bakınca benim gözlerim kamaşıyor. Benim ellerimi uzatıyorum... Onu tutuyorum. Bembeyaz bir kuş... Benim annem kuşu benim ellerimden alıp öpüyor, sarışın kadın da öpüyor, ben de öpüyorum.

— A, zavallı daha yavru. Martı yavrusu.

— Uçamıyor olmalı. Eğer denize düşerse, boğulur.

Öteki kadınlar da lafa karışıyorlar. Kadınlar "Yaşamaz," diyorlar. Benim annem "A, zavallı," diyerek uzun uzun sevdikten sonra kuşu bana veriyor.

— Eve götürelim, belki yaşar. Ama sakın sıkma, oldu mu, diyor.

— Sıkmam.

— İşte böyle tut.

VII.2.1 Answer the questions. Beantworte die Fragen.

☐ hareket   1. kamaşmak

☐ ısrar   2. kalkmak

☐ ayağa   3. etmek (x2)

☐ (onun) gözleri   4. karışmak

☐ lafa

VII.2.2 Put the text in order. Bringe den Text in die richtige Reihenfolge.

☐ Yazar kuşu almak istiyor.

☐ Yazar kuşu güneşlikten alıyor.

☐ Yazarın annesi onu yukarı kaldırıyor.

☐ Herkes kuşu tek tek öpüyor.

☐ Yazarın annesi kuşu ona veriyor.

VII.2.3 Read the text again. Lese den Text nochmals.

VII.3 Benim annem bir sigara yakıyor. Yine onun yanındaki kadınla lafa dalıyor. Küçük kuşun tüyleri o kadar beyaz ki... Dokunuyorum... Onun kanatlarının kemikleri belli oluyor. Onun ayakları kırmızı. Kaçmaya çalışmıyor, belli ki şaşırmış. Onun gözleri yusyuvarlak. Onun kırmızı gagasının kenarında sarı bir şey var. Sanki sarı bir şey yemiş de onun yediği şey orada kalmış gibi. Onun boynunu uzatarak etrafa bakmaya çalışıyor.

O zaman, ben benim anneme bakıyorum. Onun yanındaki kadınla gülüşerek konuşuyor. Benimle meşgul değil. Sonra ben beyaz kuşun uzun boynunu benim ellerimle yavaşça tutuyorum. Benim bütün kuvvetimle sıkmaya başlıyorum. Zavallı kuş onun kanatlarını açmak istiyor. Benim öteki elimle onları da tutuyorum. Onun tırnakları benim dizlerime batıyor. Sıkıyorum, sıkıyorum... Benim dişlerimi kıracak gibi sıkıyorum, gık diyemiyor. Onun küçük gagası titreyerek açılıp kapanıyor. Onun pembe sivri dili dışarı çıkıyor. Onun yuvarlak gözleri önce büyüyor, sonra küçülüyor ve yavaş yavaş sönüyor... Birden bire korku içinde benim ellerimi açıyorum. Zavallı kuşun ölüsü "Pat!" diye yere düşüyor.

Benim annem dönüyor, eğiliyor. Yerden bu masum, küçük cesedi alıyor. "A... Aaa... Ölmüş!" dedikten sonra dik dik bana bakıyor.

— Ne yaptın?

VII.3.1 Answer the questions. Beantworte die Fragen.

1. Yazar kuşu nasıl öldürüyor?

2. Yazar kuşu öldürünce ne hissediyor?

VII.3.2 Match the words. Ordne zu.

☐ sigara   1. dalmak

☐ lafa   2. düşmek

☐ meşgul   3. bakmak

☐ yere   4. yakmak

☐ dik dik   5. olmak

VII.3.3 Complete the sentences. Vervollständige die Sätze.

1. Sanki sarı bir şey yemiş de

2. Kuşun küçük gagası titreyerek

3. Annem "A, ölmüş!" dedikten sonra

VII.3.4 Put the text in order. Bringe den Text in die richtige Reihenfolge.

☐ Kuş çırpınarak ölüyor.

☐ Yazar kuşun boynunu sıkıyor.

☐ Yazarın annesi ölü kuşu görüyor.

☐ Kuş yere düşüyor.

VII.3.5 Read the text again. Lese den Text nochmals.

VII.4 Benim annem:

— Söyle bakayım, sıktın mı, diye soruyor.

...

Ben cevap veremiyorum, benim avazım çıktığı kadar ağlamaya başlıyorum. Sarışın kadın benim annemin elinden beyaz kuşu alıyor.

— Ah, ne günah! Zavallıcık.

...

Başka kadınlar da lafa karışıyorlar. Bizim karşımızda oturan şişman bir kadın, benim cinayetimi diğerlerine haber veriyor:

— Onun kuşu boğduğunu gördüm. Hain çocuk...

Benim annem sapsarı, onun sesi titriyor. "Ah, insafsız!" diyerek bana acı acı bakıyor. O kadar ağlıyorum ki... Hiç kimse beni susturamıyor. Benim ne zaman, nerede, nasıl sustuğumu bugün bile hatırlayamıyorum. Sanki sonsuza kadar ağlıyorum.

Benim farkında olmadan yaptığım bu cinayetten sonra otuz yıldan fazla bir zaman geçti. Şimdi vapurda otururken, ne zaman bir martı görsem, benim kendimi çok kötü hissediyorum, benim bütün neşem kaçıyor. Bir çocuk gibi benim avazım çıktığı kadar ağlamak istiyorum. Benim kalbimin içinde derin bir acı büyüyor, benim göğsümü acıtıyor.

İşte o zaman "Ah, insafsız!" diyen benim anneciğimin sesi benim kulaklarımda çınlıyor. ❧

VII.4.1 Answer the questions. Beantworte die Fragen.

1. Yazar neden sürekli ağlıyor?

2. Yazar bugün ne hissediyor?

VII.4.2 Match the words. Ordne zu.

☐ kötü   1. hissetmek

☐ haber   2. çıkmak

☐ acı acı   3. geçmek

☐ sonsuza   4. vermek

☐ zaman   5. çınlamak

☐ (onun) avazı   6. kadar

☐ (onun) neşesi 7. kaçmak

☐ (onun) kulaklarında 8. bakmak

VII.4.3 Complete the sentences. Vervollständige die Sätze.

1. Annem "Ah, insafsız!" diyerek

2. O kadar ağlıyordum ki

3. Ne zaman bir martı görsem

VII.4.4 Read the text again. Lese den Text nochmals.

Sait Faik Abasıyanık

Yaşamöyküsü:

Sait Faik Abasıyanık, 23 Kasım 1906'da Adapazarı'nda dünyaya geldi. İstanbul Erkek Lisesi'nde son sınıftayken Bursa Lisesi'ne geçti ve buradan mezun oldu. İstanbul Üniversitesi Edebiyat Fakültesi'nde bir süre eğitim gördü. Ekonomi öğrenimi için İsviçre'ye gitti. Orada kısa süre kaldı ve sonra Fransa'ya geçti. 3 yıl Fransa'da yasadı. Daha sonra Türkiye'ye döndükten sonra ticaretle uğraştı. Bir süre Halıcıoğlu Ermeni Yetim Mektebi'nde Türkçe dersleri verdi.

Sait Faik yaşamını Şişli'de apartmanda ve Burgaz Ada'daki köşkte annesi ile geçirdi. Hiç evlenmedi. 11 Mayıs 1954'te sirozdan öldü. Ölümünden sonra Burgaz Ada'daki evi müze oldu. Annesi, o öldükten sonra "Sait Faik Hikaye Ödülü" başlattı.

Eserleri: *Semaver, Sarnıç, Şahmerdan, Lüzumsuz Adam, Mahalle Kahvesi, Havada Bulut, Kumpanya, Havuzbaşı, Son Kuşlar, Alemdağında Var Bir Yılan, Az Şekerli, Tüneldeki Çocuk, Mahkeme Kapısı* (röportajlar).

Vocabulary VIII * Vokabeln VIII

A. Match the words with the definitions. Ordne die Wörter den richtigen Definitionen zu.

1. sapmak   _____ Anadolulu Yunan.

2. ahşap   _____ Bir çeşit ekşi meyve.

3. erik   _____ Çok yeşil.

4. kuyu   _____ Başkaları hakkında konuşmak.

5. sarımtırak   __1__ Dönmek, yolu değiştirmek.

6. tütsü   _____ Sevmek, hoşlanmak.

7. Rum   _____ Sevinç, mutluluk.

8. çirkinleşmek   _____ Sarı gibi.

9. dedikodu   _____ Küçük nehir, ırmak.

10.dere   _____ Öykü.

11.kocaman   _____ Ağaçtan, tahtadan yapılmış.

12.yemyeşil   _____ Çirkin olmak, çirkin hale gelmek.

13.neşe   _____ Çok büyük.

14.hikaye   _____ Yakılan ve hoş koku veren çubuk.

15.beğenmek   _____ İçinde su olan derin çukur.

VIII Kınalıada'da Bir Ev

VIII.1 Ben benim hayatımda hiç Kınalıada'ya gitmedim. Ama orayı öyle severim ki, neden bilmiyorum. Belki de orada benim bir arkadaşım var, bu yüzden orayı çok seviyorum. Kınalıada'nın önünden geçerken hep onun evini düşünürüm.

Benim arkadaşım sessiz sakin, iyi bir kızdır. Sabahleyin ilk vapurla onun işe gider, son vapurla eve döner. Bazen son vapurda beraber yolculuk ederiz. Eve dönerken genellikle onun elinde paketler vardır. Benim arkadaşım vapurdan indikten sonra, onun iskelede gözden kaybolur. Vapurun ışığı yanar, o zaman onun hızlı hızlı sağa saptığını görürüm. Ama sonra yine ortadan kaybolur.

Ben onun küçük bir ahşap evde oturduğunu sanıyorum. Evden deniz görünmüyor olmalı. Belki de bir iki pencereden, erik dalları arasından görünüyor olabilir. Küçük bahçede acıbadem, ayva, nar ağaçları ve bir de kuyu olmalı. Onun annesi kırk yaşından büyük, şişmanca, elma yanaklı, yeşil gözlü bir kadın olmalı. Ben onun bahçesini, evini, anasını tarif ediyorum, ama ben bunları gördüm, sanmayın. Ben bahçeleri, insanları, evleri görmeden severim.

VIII.1.1 Answer the questions. Beantworte die Fragen.

1. Yazar neden Kınalıada'yı çok seviyor?

2. Yazarın arkadaşı nasıl bir evde oturuyor?

3. Yazar onun evini ve ailesini hiç gördü mü?

VIII.1.2 Match the words. Ordne zu.

☐ sessiz   1. gitmek   ☐ ortadan   5. gözlü

☐ işe   2. etmek   ☐ elma   6. kaybolmak

☐ yolculuk   3. kaybolmak   ☐ yeşil   7. etmek

☐ gözden   4. sakin   ☐ tarif   8. yanaklı

VIII.1.3 Complete the sentences. Vervollständige die Sätze.

1. Kınalıada'nın önünden geçerken...

2. Son vapurla eve dönerken...

3. Hızlı hızlı sağa saptıktan sonra...

VIII.1.4 Put the text in order. Bringe den Text in die richtige Reihenfolge.

☐ Yazarın arkadaşı eve vapurla dönüyor.

☐ Yazar onun ailesini ve evini hiç görmedi

☐ Yazarın arkadaşı ahşap bir evde oturuyor.

☐ Yazarın Kınalıada'da bir arkadaşı var.

VIII.1.5 Read the text again. Lese den Text nochmals.

VIII.2 Eve girmek için bu küçük bahçeden geçmek gerek. Onlar evin alt katında oturuyorlar. Üst katı yazın kiraya veriyorlar. Meryem Ana kandili, önünde bir İsa resmi, küçücük, sarımtırak bir ayna… her şeyde tütsü kokusu gibi, ağır bir Ortodoks hava var. Bence arkadaşım olan kızın kendi odası yok.

Ben onu vapurda Rumca konuşurken dinliyorum. Ben tek bir Rumca kelime bilmem, ama ne söylediğini anlıyor gibiyim.

arkadaşım akşam saat 10.45'te eve varıyor ve sonra onlar yemeğe oturuyorlar. Hemen sonra yatıyorlar herhalde. Acaba başucunda bir kitap var mı? Acaba hayallerinde ne var? Nasıl yemek yiyor? Hızlı mı, yavaş mı? Ne kadar yiyor? Az mı, çok mu? Hep merak ediyorum. Acaba birçok insan gibi yemek yerken çirkinleşiyor mu? Çirkinleşince yüzündeki çizgiler nasıl oluyor?

Ben onu tanımadan önce de Kınalıada'yı merak ediyordum. Ama adanın insanlarını değil, daha çok Kınalıada'nın evlerini, evlerin ne yaptığını merak ediyordum. Ne yapıyorlar? Ne yapacaklar? Her yerde olduğu gibi, onlar da dedikodu yapıyorlar herhalde. Yiyorlar, içiyorlar, uyuyorlar.

"Evler mi?" diye sormayın. Evet, evler… Kınalıada'daki evleri eskiden beri merak ediyorum. Onları görmek için can atıyorum. Çünkü orada çok sevdiğim bir kız oturuyor.

VIII.2.1 Answer the questions. Beantworte die Fragen.

1. Yazar onun Ortodoks olduğunu nereden biliyor?

2. Yazar onun arkadaşı hakkında neyi merak ediyor?

VIII.2.2 Match the words. Ordne zu.

☐ alt	1. konuşmak	☐ üst	5. oturmak
☐ Meryem	2. kat	☐ eksik	6. etmek
☐ Rumca	3. yapmak	☐ yemeğe	7. kat
☐ dedikodu	4. Ana	☐ merak	8. olmamak

VIII.2.3 Read the text again. Lese den Text nochmals.

VIII.3 Ben eskiden Arnavutköy'ü de merak ediyordum. Sonra bir gece gidip gördüm. İki balkonlu bir ev gördüm. Dört beş köprü. Köprülerden birinde sarhoş bir adam eğilmiş, kusmuştu. Şimdi burayı da Arnavutköy gibi merak ediyorum. Kınalıada'daki bir evi...

Bir masa düşünelim. Masanın üzerinde bir tencere duruyor. Tencerenin içindeki yemek et mi, sebze mi? Farz edelim ki, et. İşte bu et herkese veriliyor. Babaya, oğula, küçük kıza, benim arkadaşım olan kıza. Bu yemeği anne dağıtıyor. Küçük kız kardeş onun kocaman, yemyeşil gözlerini açmış, bahçedeki dolaba bakıyor. Dolabın içinde karpuz var. Bu akşamki karpuz pek iyi değil. Onun içi sarı, çekirdekleri simsiyah.

İşte konuşuyorlar. Ne konuşuyorlar acaba? Bir projektör odayı gün gibi aydınlatıyor. Benim sevdiğim kız yemek yerken çirkinleşmiyor. O kadar neşeli, o kadar sağlıklı ki!.. Onun yüzünde hep neşe var. Bir şeyler söylüyor. Ne söylüyor, merak ediyorum.

İşte, ben bu yüzden hikaye yazıyorum. İnsanlar benim hikâyelerimi beğenmedikleri zaman üzülüyorum. Beğendikleri zaman, kızıyorum. Kendim beğeniyorum, aptallık ediyorum.

Kınalıada'ya gelince... İşte onu çok merak ediyor, bir türlü gidemiyorum. Galiba gidemeyeceğim de... &

V.3.1 Answer the questions. Beantworte die Fragen.

1. Yazar en çok neleri merak ediyor?

2. Yazar Kınalıada'yı neden merak ediyor?

V.3.2 Match the words. Ordne zu.

☐ eskiden   1. etmek

☐ can   2. beri

☐ farz   3. atmak

V.3.3 Read the text again. Lese den Text nochmals.

About the Authors

Ali Akpınar has been lecturing in Turkish and English since 1997.
He graduated from Marmara University, Istanbul, in English Education. While his academic home discipline is English Studies his Turkish teaching is characterized by a distinctly interdisciplinary orientation. He also worked in co-operation with publishing companies and translation offices.
Ali Akpınar is currently working as author and Turkish as a Foreign Language teacher. Moreover, he owns his own business, Akpınar Yayıncılık, which focuses on language books and language training.

Katja Zehrfeld is author, entrepreneur, and German and English lecturer.
She holds an MA in German Linguistics, Literature and Culture, and American Studies from the Technical University of Dresden, Germany. She was awarded a study scholarship to Belmont University, USA.
In addition to working at universities and private language schools with students of all ages and levels, she also gained experience at the Goethe Institute Istanbul, Turkey, and the Max Planck Institute Leipzig, Germany, where her research focused on first and second language acquisition.
Katja Zehrfeld runs her own company, zehrfeld.eu, which specializes in language training, translating, publishing, and editing.

....

Ali Akpınar unterrichtet seit 1997 Türkisch und Englisch. Er studierte an der Marmara Universität Istanbul Englisch. Sein Türkischunterricht ist außerordentlich interdisziplinär orientiert. Des Weiteren arbeitete er mit Verlagen und Übersetzungsbüros zusammen. Zurzeit wirkt er als Autor und Türkisch-als-Fremdsprache -Dozent. Er besitzt seine eigene Firma, Akpınar Yayıncılık, die Sprachbücher entwickelt und Sprachtraining anbietet.

Katja Zehrfeld ist Autorin, Unternehmerin und Lektorin für Deutsch und Englisch. Sie studierte an der Technischen Universität Dresden Germanistik und Amerikanistik und wurde für ihre erfolgreichen Studien mit einem US-Stipendium ausgezeichnet. Neben ihrer Arbeit mit Studenten sammelte sie wertvolle Erfahrungen am Goethe Institut Istanbul und am Max Planck Institut, wo ihr Forschungsschwerpunkt auf dem „Erst- und Zweitspracherwerb" lag. Katja Zehrfeld leitet erfolgreich ihre eigene Firma, zehrfeld.eu, welche auf Sprachtraining, Übersetzungen und Publizistik spezialisiert ist.

IF YOU ENJOYED THIS BOOK PLEASE CHECK OUT OUR OTHER TURKISH BOOKS

Grammar Books

- Turkish Grammar I
- Turkish Grammar II

Vocabulary Developers

- Turkish Vocabulary Developer I
- Turkish Vocabulary Developer II

Easy Readers

- Turkish Fairy Tales
- Who is Who, Biographies
- Turkish Funny Stories
- Here is the News, Strange News
- Anatolian Folk Tales
- What is What
- Anatolian Myths
- Contemporary Turkish Short Stories
- Contemporary Turkish Plays
- Contemporary Turkish Novels

NOTES

For more information on Turkish language books:

http://www.studyturkce.com/

CPSIA information can be obtained at www.ICGtesting.com
Printed in the USA
BVOW02s1619030714

357995BV00005B/270/P